So tolle Schüler
kann's nur ein mal geben

Das bin ich

Mein Name: _______________________

Alter: _____

Lieblingsfach: _______________________

... weil ... _______________________

____

Berufswunsch:

Wenn ich zaubern könnte, würde ich ...

____

____

Das bringt mich immer zum Lachen:

____

____

An der Schule mag ich am meisten ... _______________________

____

____

Was ich ändern würde ... _______________________

____

____

An Ihrem Unterricht hat mir besonders gefallen ...

Ein typischer Satz von Ihnen

Das hab ich für Sie gemalt

Ich heiße

Alter:

Lieblingsfach:

Das bin ich

... weil ...

Ich werde mal:

Wenn ich zaubern könnte, würde ich ...

Das bringt mich immer zum Lachen:

An der Schule mag ich am meisten ...

Dieses Schulfach sollte es geben

An Ihrem Unterricht hat mir besonders gefallen ...

____

____

____

Nicht so gut fand ich ...

Ein typischer Satz von Ihnen _______________________________

____

Das hab ich für Sie gemalt

Das bin
ich

Mein Name: _______________________

Alter: _____

Lieblingsfach: _______________________

... weil ... _______________________

____

Berufswunsch:

Wenn ich zaubern könnte, würde ich ...

____

____

Das bringt mich immer zum Lachen:

____

____

An der Schule mag ich am meisten ... _______________________

____

____

Was ich ändern würde ... _______________________

____

____

An Ihrem Unterricht hat mir besonders gefallen ...

Ein typischer Satz von Ihnen

Das hab ich für Sie gemalt

Ich heiße

Alter:

Lieblingsfach:

Das bin ich

... weil ...

Ich werde mal:

Wenn ich zaubern könnte, würde ich ...

Das bringt mich immer zum Lachen:

An der Schule mag ich am meisten ...

Dieses Schulfach sollte es geben

An Ihrem Unterricht hat mir besonders gefallen ...

____

____

____

Nicht so gut fand ich ...

Ein typischer Satz von Ihnen _______________________________

____

Das hab ich für Sie gemalt

Das bin
ich

Mein Name: _______________________

Alter: _____

Lieblingsfach: _______________________

... weil ... _______________________

____

Berufswunsch:

Wenn ich zaubern könnte, würde ich ...

____

____

Das bringt mich immer zum Lachen:

____

____

An der Schule mag ich am meisten ... _______________________

____

____

Was ich ändern würde ... _______________________

____

____

An Ihrem Unterricht hat mir besonders gefallen ...

Ein typischer Satz von Ihnen

Das hab ich für Sie gemalt

Ich heiße

Alter:

Lieblingsfach:

Das bin ich

... weil ...

Ich werde mal:

Wenn ich zaubern könnte, würde ich ...

Das bringt mich immer zum Lachen:

An der Schule mag ich am meisten ...

Dieses Schulfach sollte es geben

An Ihrem Unterricht hat mir besonders gefallen ...

Nicht so gut fand ich ...

Ein typischer Satz von Ihnen

Das hab ich für Sie gemalt

Das bin ich

Mein Name: _______________

Alter: _____

Lieblingsfach: _______________

... weil ... _______________

____

Berufswunsch:

Wenn ich zaubern könnte, würde ich ...

____

____

Das bringt mich immer zum Lachen:

____

____

An der Schule mag ich am meisten ... _______________

____

____

Was ich ändern würde ... _______________

____

____

An Ihrem Unterricht hat mir besonders gefallen ...

____

____

____

Ein typischer Satz von Ihnen

Das hab ich für Sie gemalt

Ich heiße

Alter:

Lieblingsfach:

Das bin ich

... weil ...

Ich werde mal:

Wenn ich zaubern könnte, würde ich ...

Das bringt mich immer zum Lachen:

An der Schule mag ich am meisten ...

Dieses Schulfach sollte es geben

An Ihrem Unterricht hat mir besonders gefallen ...

Nicht so gut fand ich ...

Ein typischer Satz von Ihnen

Das hab ich für Sie gemalt

Das bin
ich

Mein Name: _______________

Alter: _____

Lieblingsfach: _______________

... weil ... _______________

____

Berufswunsch:

Wenn ich zaubern könnte, würde ich ...

____

____

Das bringt mich immer zum Lachen:

____

____

An der Schule mag ich am meisten ... _______________

____

____

Was ich ändern würde ... _______________

____

____

An Ihrem Unterricht hat mir besonders gefallen ...

Ein typischer Satz von Ihnen

Das hab ich für Sie gemalt

Ich heiße

Alter:

Lieblingsfach:

Das bin ich

... weil ... ________________________________

____

Ich werde mal: ________________________________

Wenn ich zaubern könnte, würde ich ...

____

____

Das bringt mich immer zum Lachen:

____

____

____

An der Schule mag ich am meisten ... ________________________________

____

____

Dieses Schulfach sollte es geben

An Ihrem Unterricht hat mir besonders gefallen ...

Nicht so gut fand ich ...

Ein typischer Satz von Ihnen

Das hab ich für Sie gemalt

Mein Name: _______________

Alter: _______

Lieblingsfach: _______________

... weil ... _______________
____

Berufswunsch:

Wenn ich zaubern könnte, würde ich ...
____
____

Das bringt mich immer zum Lachen:
____
____
____

An der Schule mag ich am meisten ... _______________
____
____

Was ich ändern würde ... _______________
____
____

An Ihrem Unterricht hat mir besonders gefallen ...

Ein typischer Satz von Ihnen

Das hab ich für Sie gemalt

Ich heiße

Alter:

Lieblingsfach:

Das bin ich

... weil ...

Ich werde mal:

Wenn ich zaubern könnte, würde ich ...

Das bringt mich immer zum Lachen:

An der Schule mag ich am meisten ...

Dieses Schulfach sollte es geben

An Ihrem Unterricht hat mir besonders gefallen ...

Nicht so gut fand ich ...

Ein typischer Satz von Ihnen

Das hab ich für Sie gemalt

Das bin ich

Mein Name: _______________________

Alter: _____

Lieblingsfach: _______________________

... weil ... _______________________

____

Berufswunsch:

Wenn ich zaubern könnte, würde ich ...

____

____

Das bringt mich immer zum Lachen:

____

____

An der Schule mag ich am meisten ... _______________________

____

____

Was ich ändern würde ... _______________________

____

____

An Ihrem Unterricht hat mir besonders gefallen ...

Ein typischer Satz von Ihnen

Das hab ich für Sie gemalt

Ich heiße

Alter:

Lieblingsfach:

Das bin ich

... weil ... _______________________________

____

Ich werde mal: _______________________________

Wenn ich zaubern könnte, würde ich ...

____

____

Das bringt mich immer zum Lachen:

____

____

____

An der Schule mag ich am meisten ... _______________

____

____

Dieses Schulfach sollte es geben

An Ihrem Unterricht hat mir besonders gefallen ...

Nicht so gut fand ich ...

Ein typischer Satz von Ihnen

Das hab ich für Sie gemalt

Das bin ich

Mein Name: ______________________

Alter: _______

Lieblingsfach: ______________________

... weil ... ______________________

____

Berufswunsch:

Wenn ich zaubern könnte, würde ich ...

____

____

Das bringt mich immer zum Lachen:

____

____

An der Schule mag ich am meisten ... ______________________

____

____

Was ich ändern würde ... ______________________

____

____

An Ihrem Unterricht hat mir besonders gefallen ...

Ein typischer Satz von Ihnen

Das hab ich für Sie gemalt

Ich heiße

Alter:

Lieblingsfach:

Das bin ich

... weil ...

Ich werde mal:

Wenn ich zaubern könnte, würde ich ...

Das bringt mich immer zum Lachen:

An der Schule mag ich am meisten ...

Dieses Schulfach sollte es geben

An Ihrem Unterricht hat mir besonders gefallen ...

Nicht so gut fand ich ...

Ein typischer Satz von Ihnen

Das hab ich für Sie gemalt

Das bin ich

Mein Name: _______________

Alter: _____

Lieblingsfach: _______________

... weil ... _______________
____

Berufswunsch:

Wenn ich zaubern könnte, würde ich ...
____
____

Das bringt mich immer zum Lachen:
____
____

An der Schule mag ich am meisten ... _______________
____
____

Was ich ändern würde ... _______________
____
____

An Ihrem Unterricht hat mir besonders gefallen ...

Ein typischer Satz von Ihnen

Das hab ich für Sie gemalt

Ich heiße

Alter:

Lieblingsfach:

Das bin ich

... weil ... ________________________________

____

Ich werde mal: ________________________________

Wenn ich zaubern könnte, würde ich ...

____

____

Das bringt mich immer zum Lachen:

____

____

____

An der Schule mag ich am meisten ... ________________________________

____

____

Dieses Schulfach sollte es geben

An Ihrem Unterricht hat mir besonders gefallen ...

Nicht so gut fand ich ...

Ein typischer Satz von Ihnen

Das hab ich für Sie gemalt

Das bin
ich

Mein Name: ______________________

Alter: ______

Lieblingsfach: ______________________

... weil ... ______________________

____

Berufswunsch:

Wenn ich zaubern könnte, würde ich ...

____

____

Das bringt mich immer zum Lachen:

____

____

An der Schule mag ich am meisten ... ______________________

____

____

Was ich ändern würde ... ______________________

____

____

An Ihrem Unterricht hat mir besonders gefallen ...

Ein typischer Satz von Ihnen

Das hab ich für Sie gemalt

Ich heiße

Alter:

Lieblingsfach:

Das bin ich

... weil ...

Ich werde mal:

Wenn ich zaubern könnte, würde ich ...

Das bringt mich immer zum Lachen:

An der Schule mag ich am meisten ...

Dieses Schulfach sollte es geben

An Ihrem Unterricht hat mir besonders gefallen ...

____

____

____

Nicht so gut fand ich ...

____

____

____

Ein typischer Satz von Ihnen   _______________________

____

Das hab ich für Sie gemalt

Das bin ich

Mein Name: __________________

Alter: ______

Lieblingsfach: __________________

... weil ... __________________

____

Berufswunsch:

Wenn ich zaubern könnte, würde ich ...

____

____

Das bringt mich immer zum Lachen:

____

____

An der Schule mag ich am meisten ... __________________

____

____

Was ich ändern würde ... __________________

____

An Ihrem Unterricht hat mir besonders gefallen ...

Ein typischer Satz von Ihnen

Das hab ich für Sie gemalt

Ich heiße

Alter:

Lieblingsfach:

Das bin ich

... weil ...

Ich werde mal:

Wenn ich zaubern könnte, würde ich ...

Das bringt mich immer zum Lachen:

An der Schule mag ich am meisten ...

Dieses Schulfach sollte es geben

An Ihrem Unterricht hat mir besonders gefallen ...

Nicht so gut fand ich ...

Ein typischer Satz von Ihnen

Das hab ich für Sie gemalt

Das bin ich

Mein Name: ___________________

Alter: _______

Lieblingsfach: _______________

... weil ... ___________________
____

Berufswunsch:

Wenn ich zaubern könnte, würde ich ...
____
____

Das bringt mich immer zum Lachen:
____
____

An der Schule mag ich am meisten ... _______________
____
____

Was ich ändern würde ... _______________
____
____

An Ihrem Unterricht hat mir besonders gefallen ...
Ein typischer Satz von Ihnen
Das hab ich für Sie gemalt

Ich heiße

Alter:

Lieblingsfach:

Das bin ich

... weil ...

Ich werde mal:

Wenn ich zaubern könnte, würde ich ...

Das bringt mich immer zum Lachen:

An der Schule mag ich am meisten ...

Dieses Schulfach sollte es geben

Ein typischer Satz von Ihnen

Das hab ich für Sie gemalt

Das bin ich

Mein Name: ________________________

Alter: _____

Lieblingsfach: ________________________

... weil ... ________________________
____

Berufswunsch:

Wenn ich zaubern könnte, würde ich ...
____
____

Das bringt mich immer zum Lachen:
____
____

An der Schule mag ich am meisten ... ________________________
____
____

Was ich ändern würde ... ________________________
____
____

An Ihrem Unterricht hat mir besonders gefallen ...

Ein typischer Satz von Ihnen

Das hab ich für Sie gemalt

Ich heiße

Alter:

Lieblingsfach:

Das bin ich

... weil ... ______________________________________

____

Ich werde mal: ______________________________________

Wenn ich zaubern könnte, würde ich ...

____

____

Das bringt mich immer zum Lachen:

____

____

____

An der Schule mag ich am meisten ... ______________________

____

____

Dieses Schulfach sollte es geben

An Ihrem Unterricht hat mir besonders gefallen ...

____

____

____

Nicht so gut fand ich ...

____

____

____

Ein typischer Satz von Ihnen ____________________________

____

Das hab ich für Sie gemalt

Das bin
ich

Mein Name: ___________________

Alter: _____

Lieblingsfach: ___________________

... weil ... ___________________

____

Berufswunsch:

Wenn ich zaubern könnte, würde ich ...

____

____

Das bringt mich immer zum Lachen:

____

____

An der Schule mag ich am meisten ... ___________________

____

____

Was ich ändern würde ... ___________________

____

____

An Ihrem Unterricht hat mir besonders gefallen ...

Ein typischer Satz von Ihnen

Das hab ich für Sie gemalt

Ich heiße

Alter:

Lieblingsfach:

Das bin ich

... weil ...

Ich werde mal:

Wenn ich zaubern könnte, würde ich ...

Das bringt mich immer zum Lachen:

An der Schule mag ich am meisten ...

Dieses Schulfach sollte es geben

An Ihrem Unterricht hat mir besonders gefallen ...

____

____

____

Nicht so gut fand ich ...

____

____

____

Ein typischer Satz von Ihnen _______________________

____

Das hab ich für Sie gemalt

Das bin ich

Mein Name: _______________________

Alter: ______

Lieblingsfach: _______________________

... weil ... _______________________

____

Berufswunsch:

Wenn ich zaubern könnte, würde ich ...

____

____

Das bringt mich immer zum Lachen:

____

____

An der Schule mag ich am meisten ... _______________________

____

____

Was ich ändern würde ... _______________________

____

____

An Ihrem Unterricht hat mir besonders gefallen ...

Ein typischer Satz von Ihnen

Das hab ich für Sie gemalt

Ich heiße

Alter:

Lieblingsfach:

Das bin ich

... weil ...

Ich werde mal:

Wenn ich zaubern könnte, würde ich ...

Das bringt mich immer zum Lachen:

An der Schule mag ich am meisten ...

Dieses Schulfach sollte es geben

An Ihrem Unterricht hat mir besonders gefallen ...

Nicht so gut fand ich ...

Ein typischer Satz von Ihnen

Das hab ich für Sie gemalt

Das bin ich

Mein Name: _______________________

Alter: _____

Lieblingsfach: _______________________

... weil ... _______________________

____

Berufswunsch:

Wenn ich zaubern könnte, würde ich ...

____

____

Das bringt mich immer zum Lachen:

____

____

An der Schule mag ich am meisten ... _______________________

____

____

Was ich ändern würde ... _______________________

____

____

An Ihrem Unterricht hat mir besonders gefallen ...

____

____

____

Ein typischer Satz von Ihnen

____

____

Das hab ich für Sie gemalt

Ich heiße

Alter:

Lieblingsfach:

Das bin ich

... weil ...

Ich werde mal:

Wenn ich zaubern könnte, würde ich ...

Das bringt mich immer zum Lachen:

An der Schule mag ich am meisten ...

Dieses Schulfach sollte es geben

An Ihrem Unterricht hat mir besonders gefallen ...

Nicht so gut fand ich ...

Ein typischer Satz von Ihnen

Das hab ich für Sie gemalt

Das bin
ich

Mein Name: ___________________

Alter: ______

Lieblingsfach: ___________________

... weil ... ___________________
____

Berufswunsch:

Wenn ich zaubern könnte, würde ich ...
____
____

Das bringt mich immer zum Lachen:
____
____
____

An der Schule mag ich am meisten ... ___________________
____
____

Was ich ändern würde ... ___________________
____
____

An Ihrem Unterricht hat mir besonders gefallen ...

____

____

____

Ein typischer Satz von Ihnen

____

____

Das hab ich für Sie gemalt

Ich heiße

Alter:

Lieblingsfach:

Das bin ich

... weil ...

Ich werde mal:

Wenn ich zaubern könnte, würde ich ...

Das bringt mich immer zum Lachen:

An der Schule mag ich am meisten ...

Dieses Schulfach sollte es geben

An Ihrem Unterricht hat mir besonders gefallen ...

____

____

____

Nicht so gut fand ich ...

____

____

____

Ein typischer Satz von Ihnen __________________________

____

Das hab ich für Sie gemalt

Das bin
ich

Mein Name: ______________________

Alter: ______

Lieblingsfach: ______________________

... weil ... ______________________

____

Berufswunsch:

Wenn ich zaubern könnte, würde ich ...

____

____

Das bringt mich immer zum Lachen:

____

____

An der Schule mag ich am meisten ... ______________________

____

____

Was ich ändern würde ... ______________________

____

____

An Ihrem Unterricht hat mir besonders gefallen ...

Ein typischer Satz von Ihnen

Das hab ich für Sie gemalt

Ich heiße

Alter:

Lieblingsfach:

Das bin ich

... weil ...

Ich werde mal:

Wenn ich zaubern könnte, würde ich ...

Das bringt mich immer zum Lachen:

An der Schule mag ich am meisten ...

Dieses Schulfach sollte es geben

An Ihrem Unterricht hat mir besonders gefallen ...

____

____

____

Nicht so gut fand ich ...

Ein typischer Satz von Ihnen _______________________

____

Das hab ich für Sie gemalt

Content and design by:

Andreas Beck

Breiteweg 24

89143 Blaubeuren

Germany

www.ingramcontent.com/pod-product-compliance
Lightning Source LLC
Chambersburg PA
CBHW080256180726
48000CB00029B/2997